# What is Love? a Flower Asked
# C'est quoi L'Amour? Demanda une Fleur

### A Children's Bilingual Book
## English / French

### Une Histoire Bilingue pour Enfant
## Anglais / Français

Dedicated to all the children who live in our heart.

Dédié à tous les enfants qui vivent dans nos cœurs.

I wrote this story to share the inner feelings I felt when I met and experienced a heartfelt connection with another person. My wish is to inspire others to find their secret place within and dare share those inner feelings with others.

Another goal of this book is to introduce children and adults to a second language. I also hope that this book will engage the family to personalize the book by pasting family photos together in the flower section at the back. As a child, and a former Montessori assistant I have observed how much children enjoy seeing photos of those dear to them.

Please Contact me, I would Love to hear your thoughts and how you felt as you read the story, bravely share your inner feelings.

This story is about the natural state of Love… What other feelings would you be interested in reading about? If you have a book inside you, and need help to self publish, let me know.

Should you find any errors or another translation that expresses my writings in another way. Give me your feedback.

Please email me, at: TerrysNovels@gmail.com

The art in this book was self rendered with colored pencils.

L'art dans ce livre a été rendu par moi-même avec des crayons de couleur.

When the Sun peeks over the horizon
A lone Flower blooms
In a beautiful Mountain Valley.
When her small Petals open
For the first time,
She sees a marvelous sight...

Let us go find out what
The Flower will see and discover !

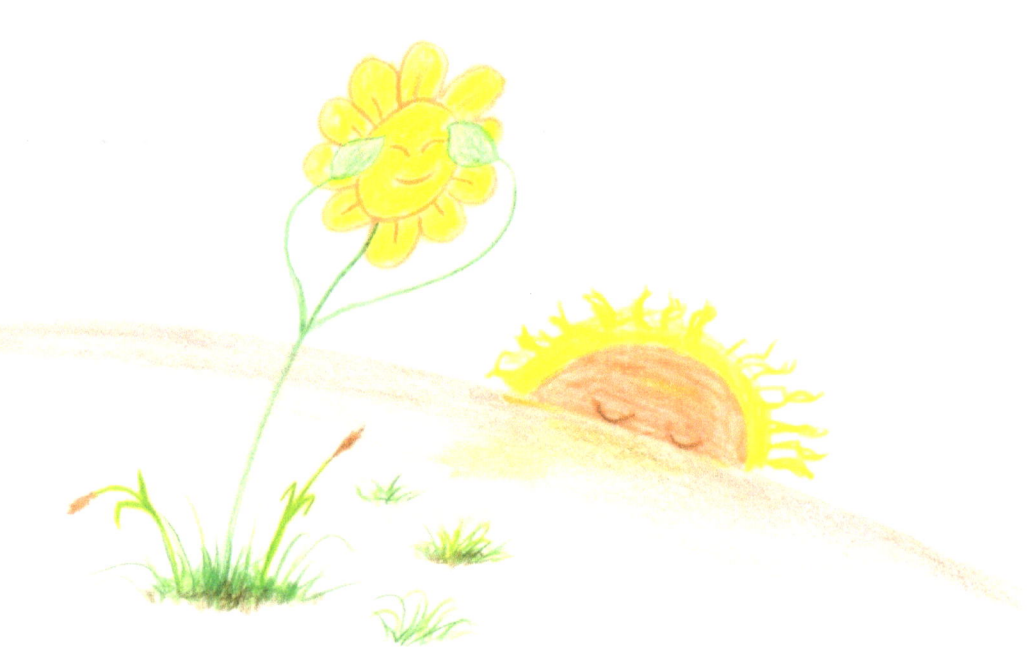

Quand le Soleil pointe à l'horizon
la Fleur solitaire s'épanouit
Dans une belle Vallée Montagneuse.
L'osque qu'elle ouvre
ses petites Pétales
Pour la première fois,
Elle voit une vue merveilleuse...

Allons Savoir ce que c'est
La Fleur verra et découvrira !

The lone Flower awoke to the inviting rays of the morning sun.

La Fleur solitaire se réveille aux rayons invitants
du soleil matinal.

When sun's warm rays touched the Flower.

Lorsque les rayons chauds du soleil touchât la Fleur.

The Flower looked at the sun and asked,

La Fleur regarda le soleil et lui demanda,

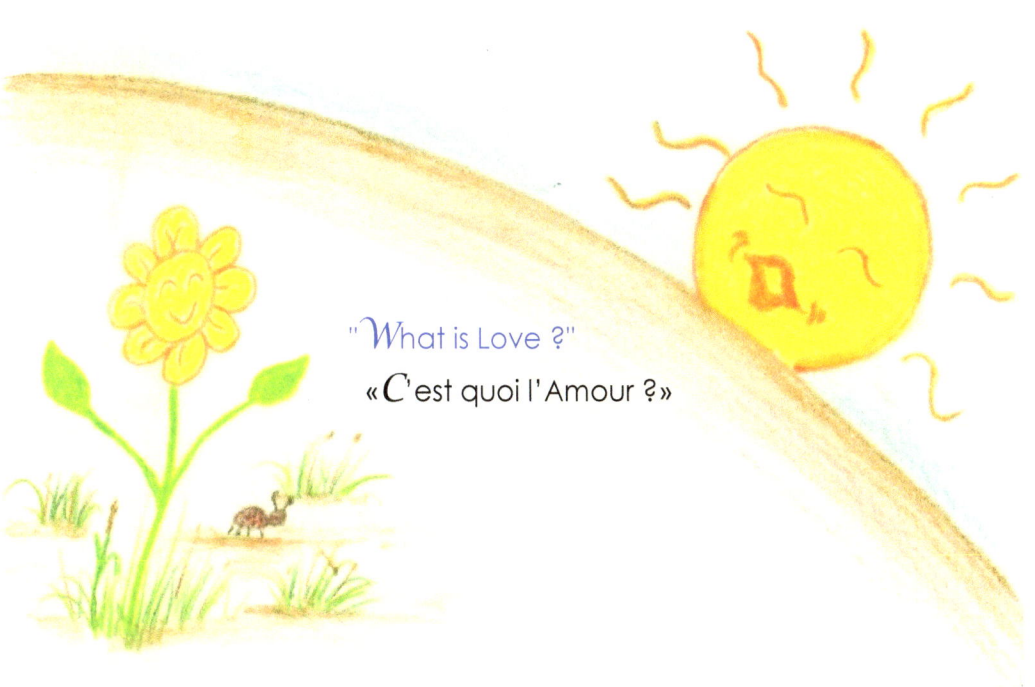

"What is Love ?"
«C'est quoi l'Amour ?»

The sun happily replied, "I am Love, for I am the Light."

Le soleil répondit gaiement: «Je suis l'Amour car je suis la Lumière.»

The Flower followed the sun until sunset and then fell asleep.

La Fleur suivit le soleil jusqu'à ce qu'il se couche, puis s'endormit.

When the full moon rose in the night sky,

Lorsque la pleine Lune fut haute dans le ciel,

The Flower woke up.

La Fleur se réveilla.

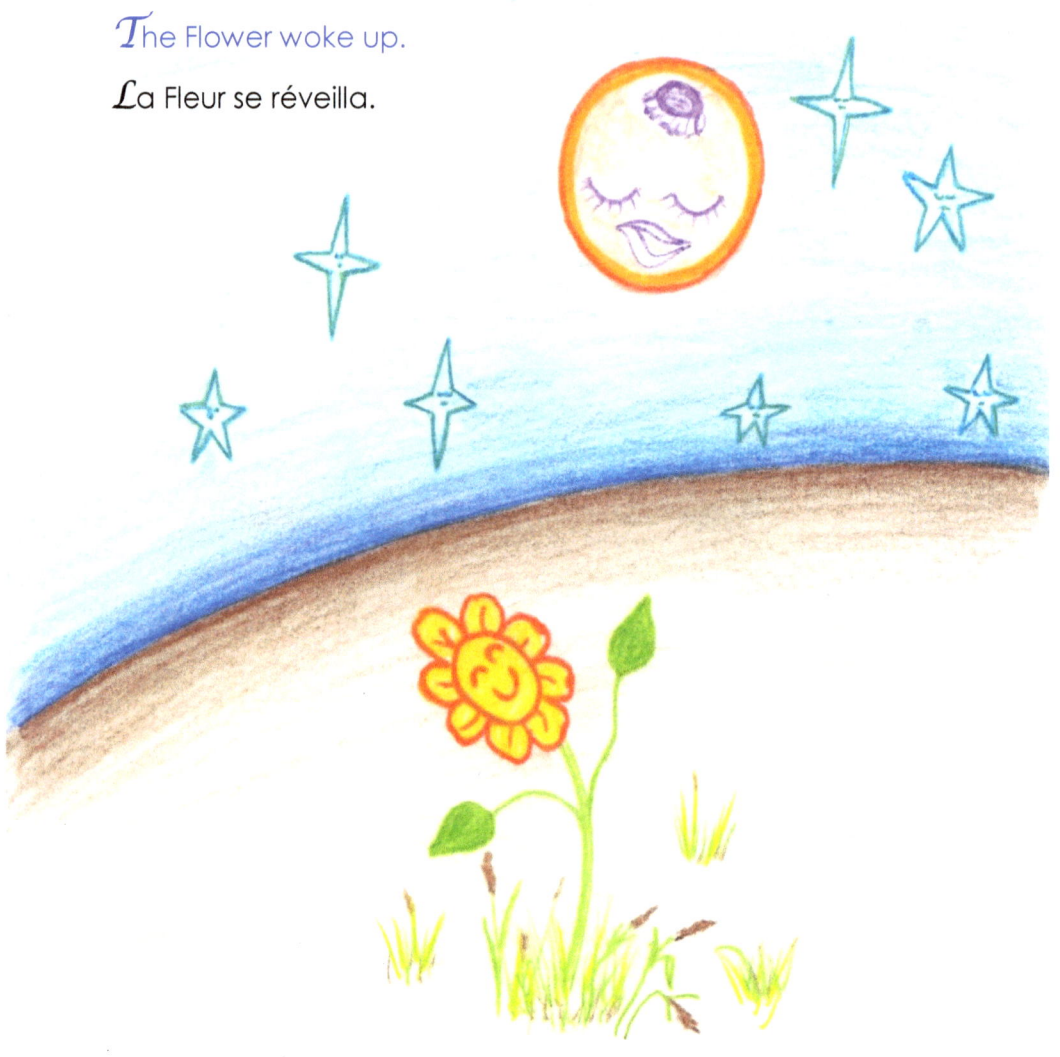

"Moon, what is Love ?" the Flower asked.

« Lune, c'est quoi l'Amour ?» demanda la Fleur.

"I am Love. I reflect the Light," the moon replied.

«Je suis l'Amour, je réfléchis la Lumière,» dit la lune.

When the moon was gone, all the stars shone so bright,

Une fois la lune disparue, toutes les étoiles brillent de mille feux.

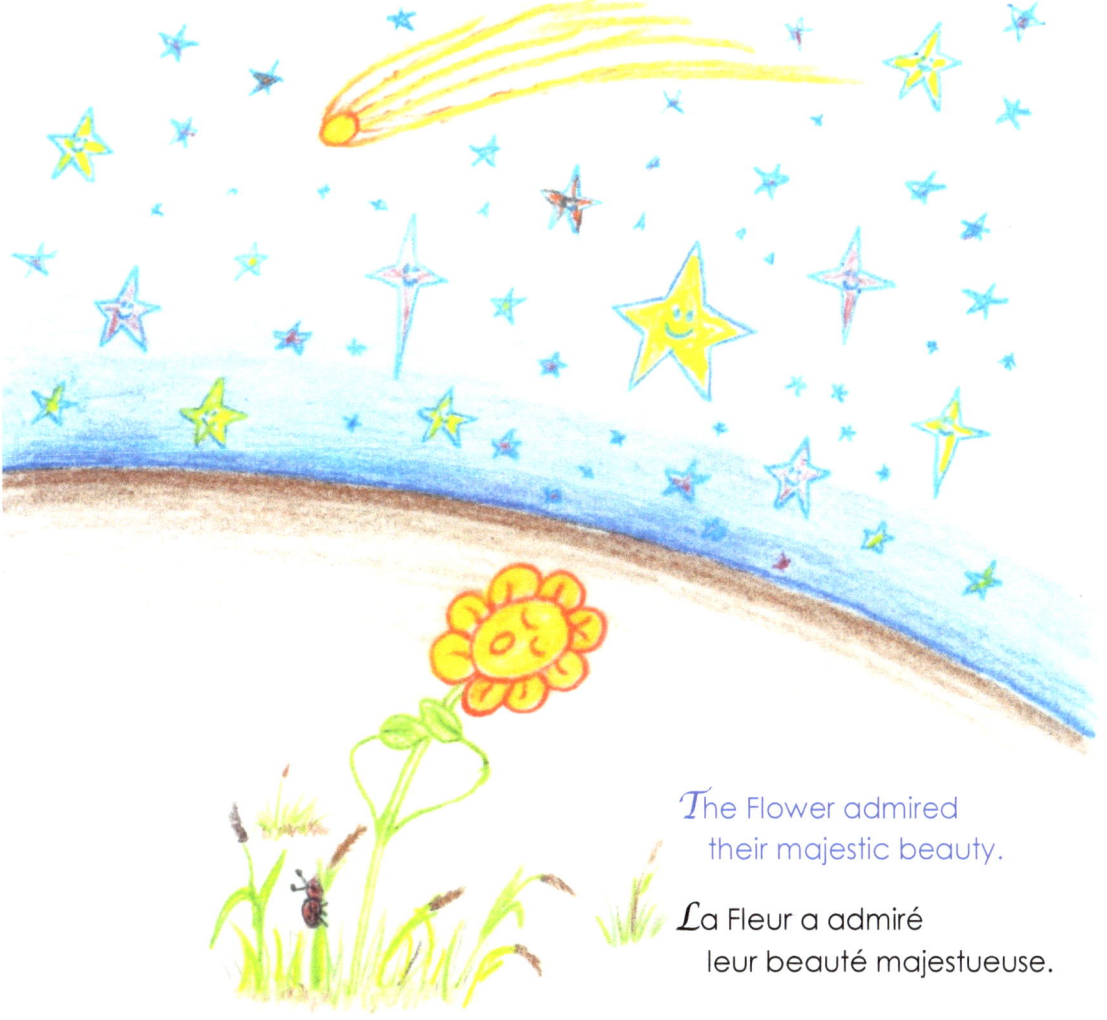

The Flower admired
their majestic beauty.

La Fleur a admiré
leur beauté majestueuse.

"Stars, can you tell me, what is Love ?"

« Étoiles, pouvez-vous me dire, c'est quoi l'Amour ? »

The billions of stars replied together,

Les milliard d'étoiles répondirent ensemble,

"We are all Love. We Light up the universe."

« Nous sommes toutes l'Amour. Nous éclairons l'univers. »

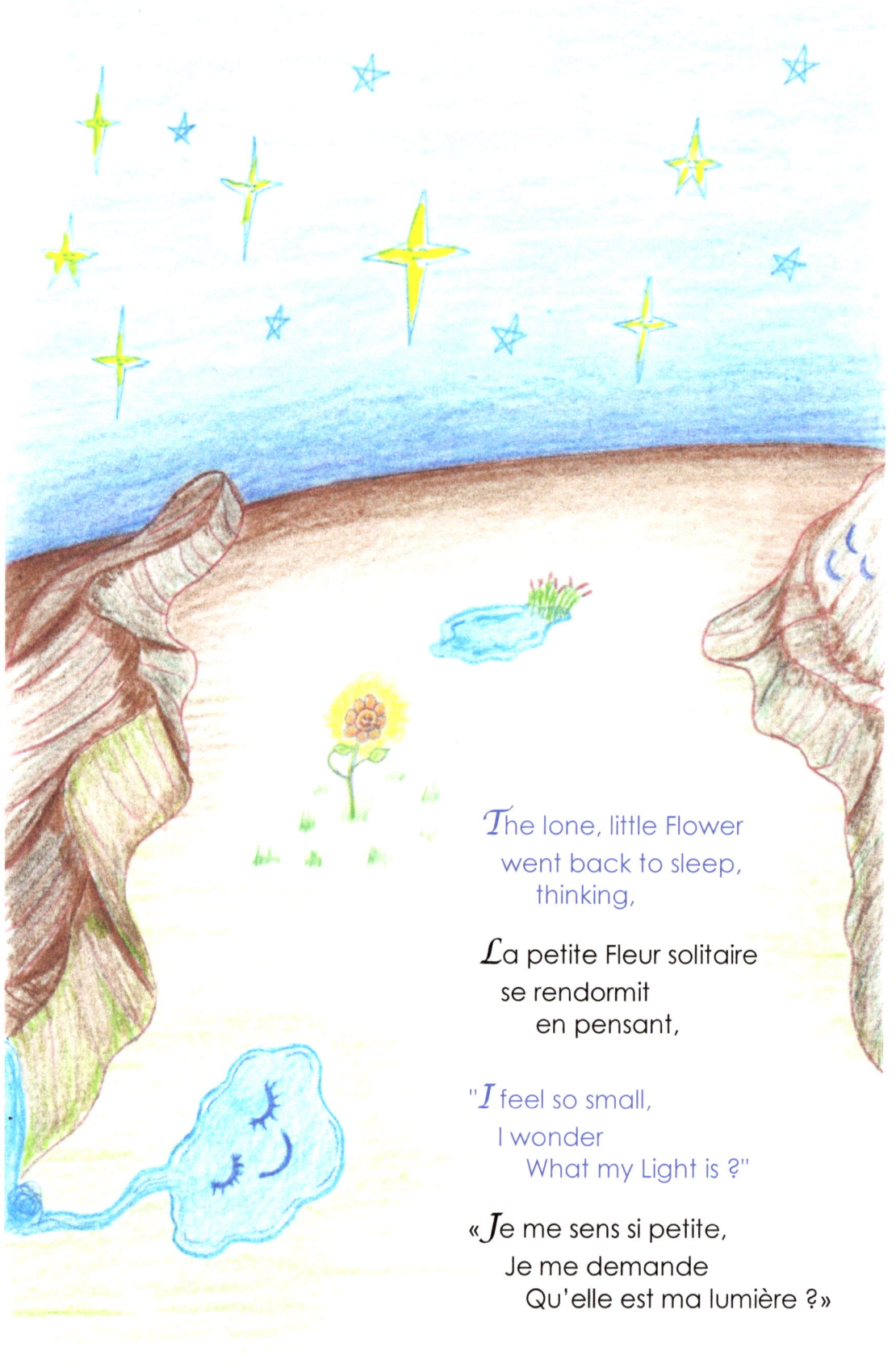

The lone, little Flower
went back to sleep,
thinking,

La petite Fleur solitaire
se rendormit
en pensant,

"I feel so small,
I wonder
What my Light is ?"

«Je me sens si petite,
Je me demande
Qu'elle est ma lumière ?»

With the sun high in the sky, the Flower overslept.

Avec le soleil haut dans le ciel, la Fleur dormait encore.

A happy Bee landed on her and tickled her,

Une Abeille joyeuse se posa sur elle et l'a chatouilla,

"Wake up !
    Wake up !

You are so beautiful,
    I came to see you."

«Réveille-toi !,
        Réveille-toi !

Tu es si belle,
    Je suis venue te voir.»

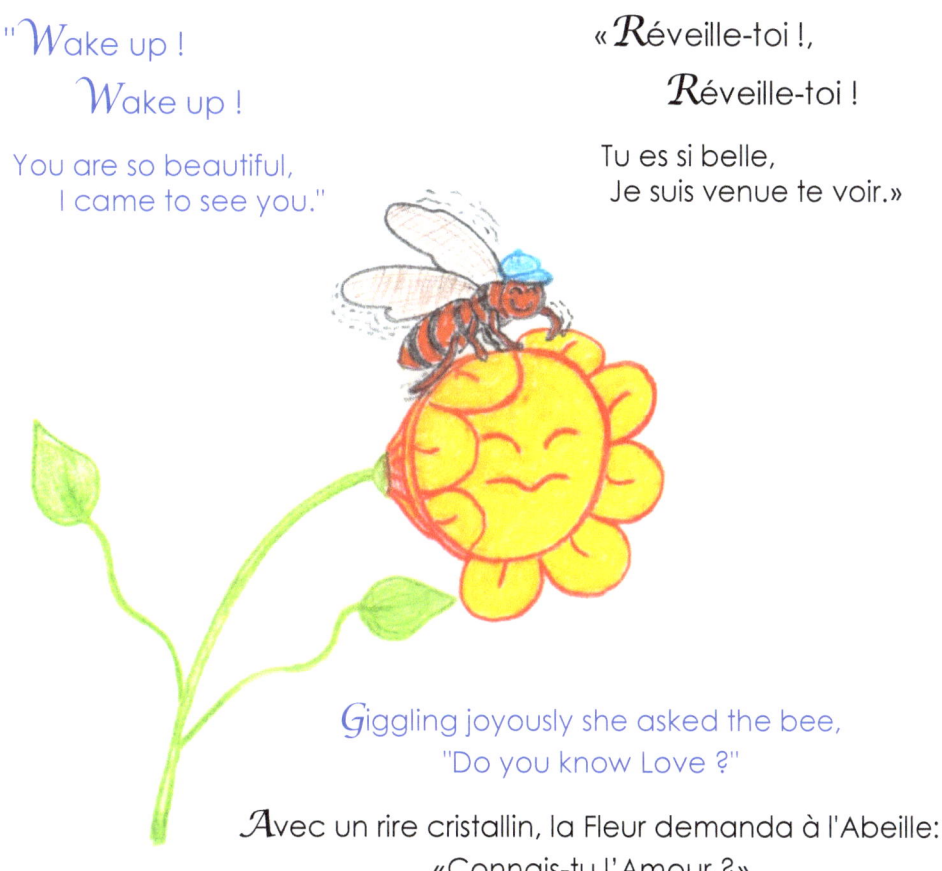

Giggling joyously she asked the bee,
        "Do you know Love ?"

Avec un rire cristallin, la Fleur demanda à l'Abeille:
        «Connais-tu l'Amour ?»

"You are Love, your colors Light up my way,

«Tu es l'Amour, tes couleurs éclairent ma voie.

I will happily come tickle you every day."

Je vais venir te chatouiller chaque jour avec joie.»

The Flower laughed and let the happy Bee tickle her.

La Fleur sourit et se laissa titiller par l'Abeille.

The days passed and another Flower grew beside her.

Les jours passèrent et une nouvelle Fleur poussa à ses cotés.

When the new Flower's Heart opened,

Lorsque le Cœur de la nouvelle Fleur s'ouvrit,

He asked the pretty Flower, "What is Love ?"

Il demanda à la jolie Fleur: «C'est quoi l'Amour ?»

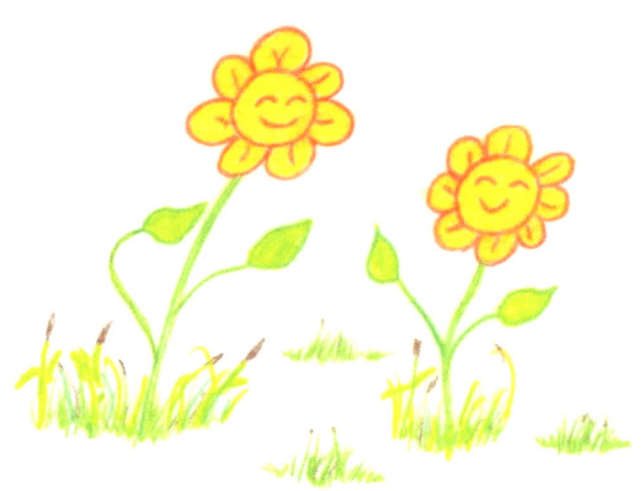

With an understanding glow in her eyes,

Avec un lueur de compréhension dans ses yeux

She replied smiling, "You are Love... you are so beautiful,

Elle répondit en souriant: «Tu es l'Amour... tu es si beau,

You bring Light and Warmth to my Heart."

Tu apportes de la Lumière et de la Chaleur dans mon Cœur.»

They bloomed together watching the sun go by.

Ils fleurirent ensemble en regardant passer le soleil.

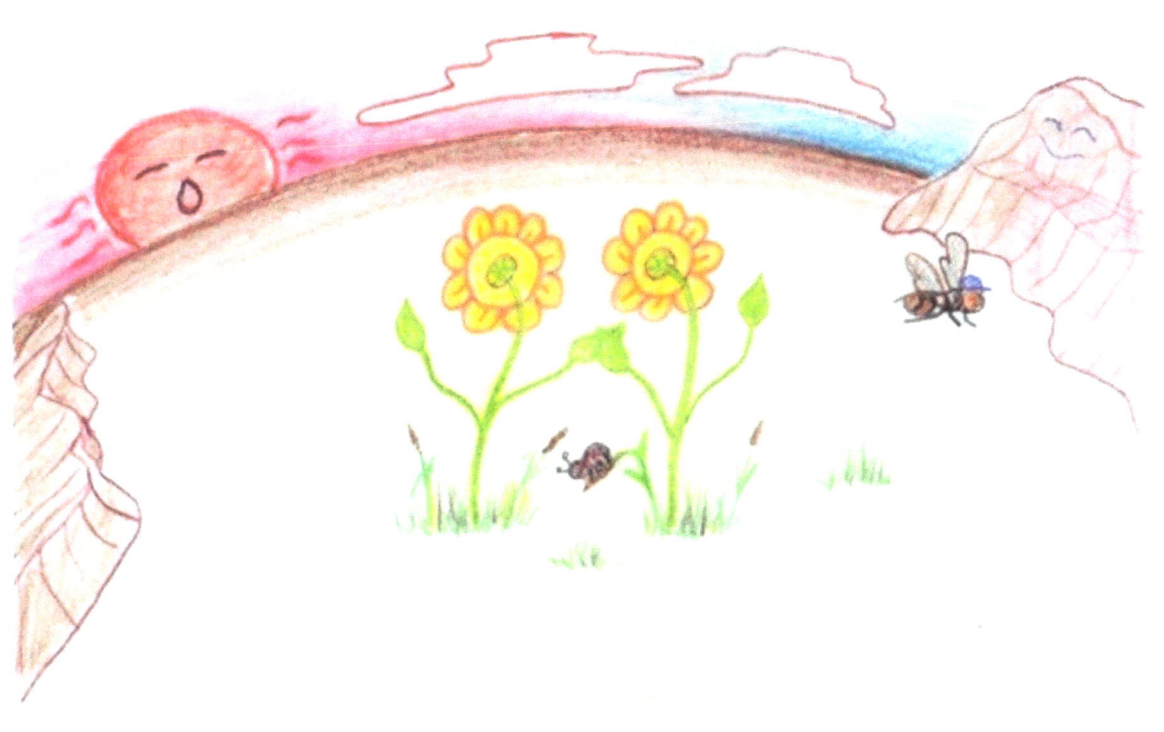

They were beautiful every day,
By the Grace of their divine Light.

Ils étaient beaux et belles chaque jour,
Grace à leur Lumière divine.

They were radiant…
Even if no one ever sees them.

Ils étaient rayonnants…
Même si personne ne les voyait.

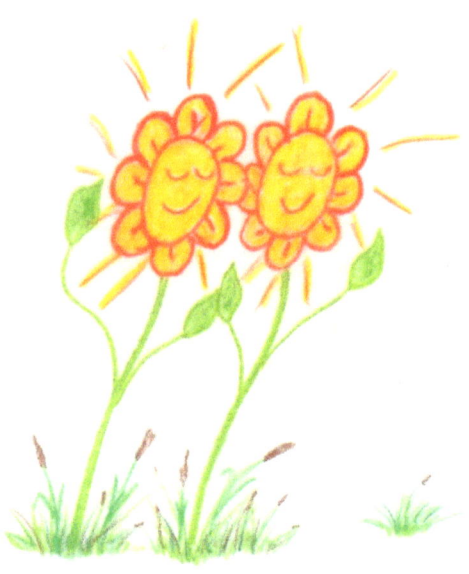

"We cannot move, can we ?" the He-Flower asked,
«Nous ne pouvons pas nous déplacer, n'est-ce pas ?»
Demanda Le-Fleur,

"Let us wait and see." the She-Flower replied.
«C'est à voir… attendons.» répondit La-Fleur.

*A* man and woman walking by… stopped.

*U*n homme et une femme qui passaient par là… s'arrêtèrent.

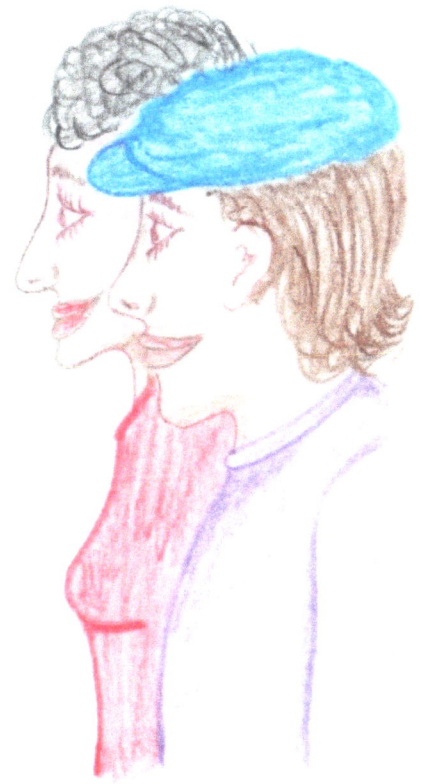

*T*hey both admired the delicate Flowers
   *A*nd began to smile.

*I*ls admirèrent, tous les deux, Les Fleurs délicates
   *E*t se mirent à sourire.

*T*he She-Flower said, "See those two, staring at us.

*L*a-Fleur dit: «Regarde ces deux-là, face à nous.

*S*ee the cheerful, sparkling Light dancing in their eyes."

*R*egarde la joyeuse Lumière qui brille et danse dans leurs yeux.»

The happy couple
continued their
walk together
arm in arm.

Le couple heureux
poursuivit leur
chemin ensemble
bras dessus,
bras dessous.

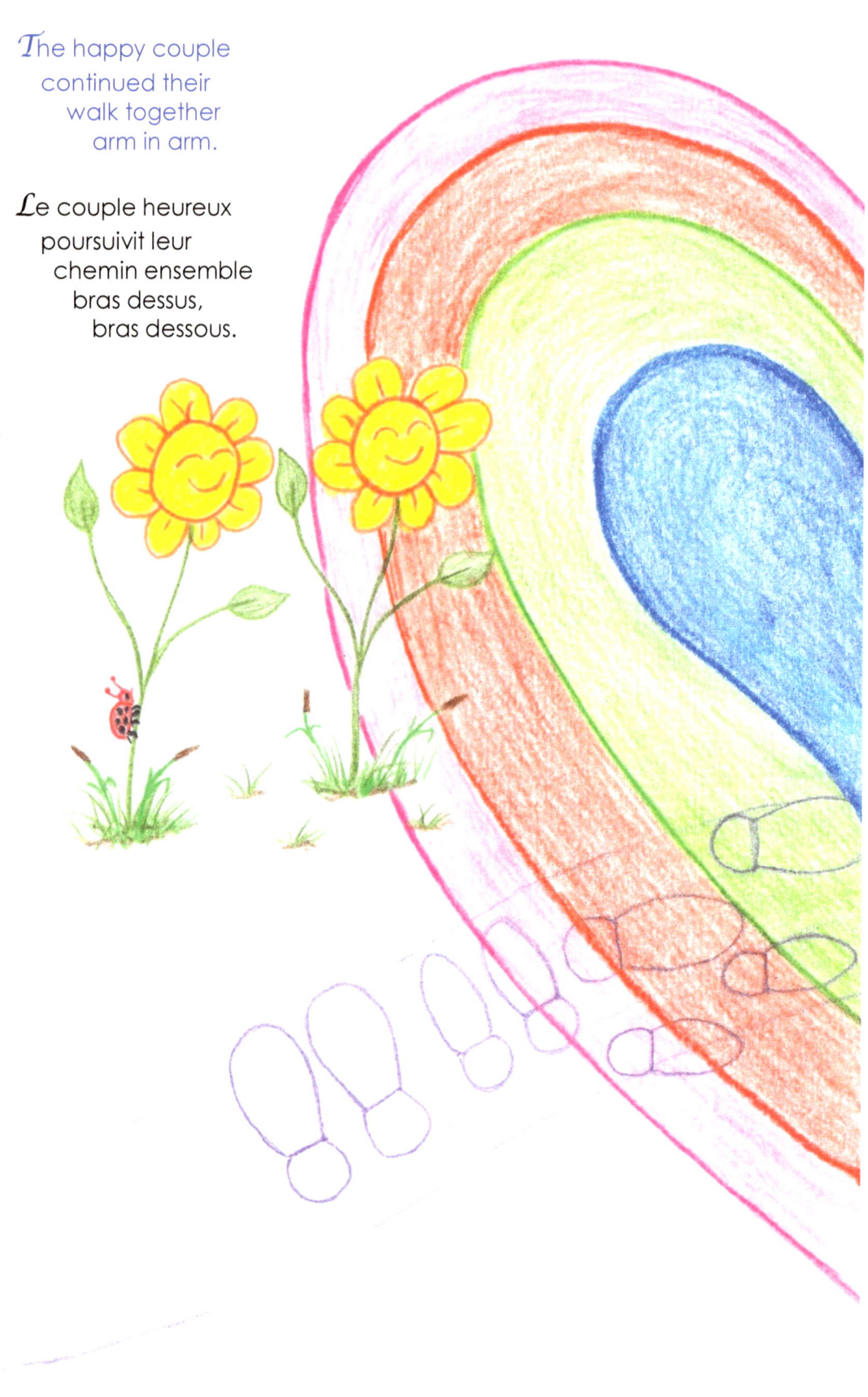

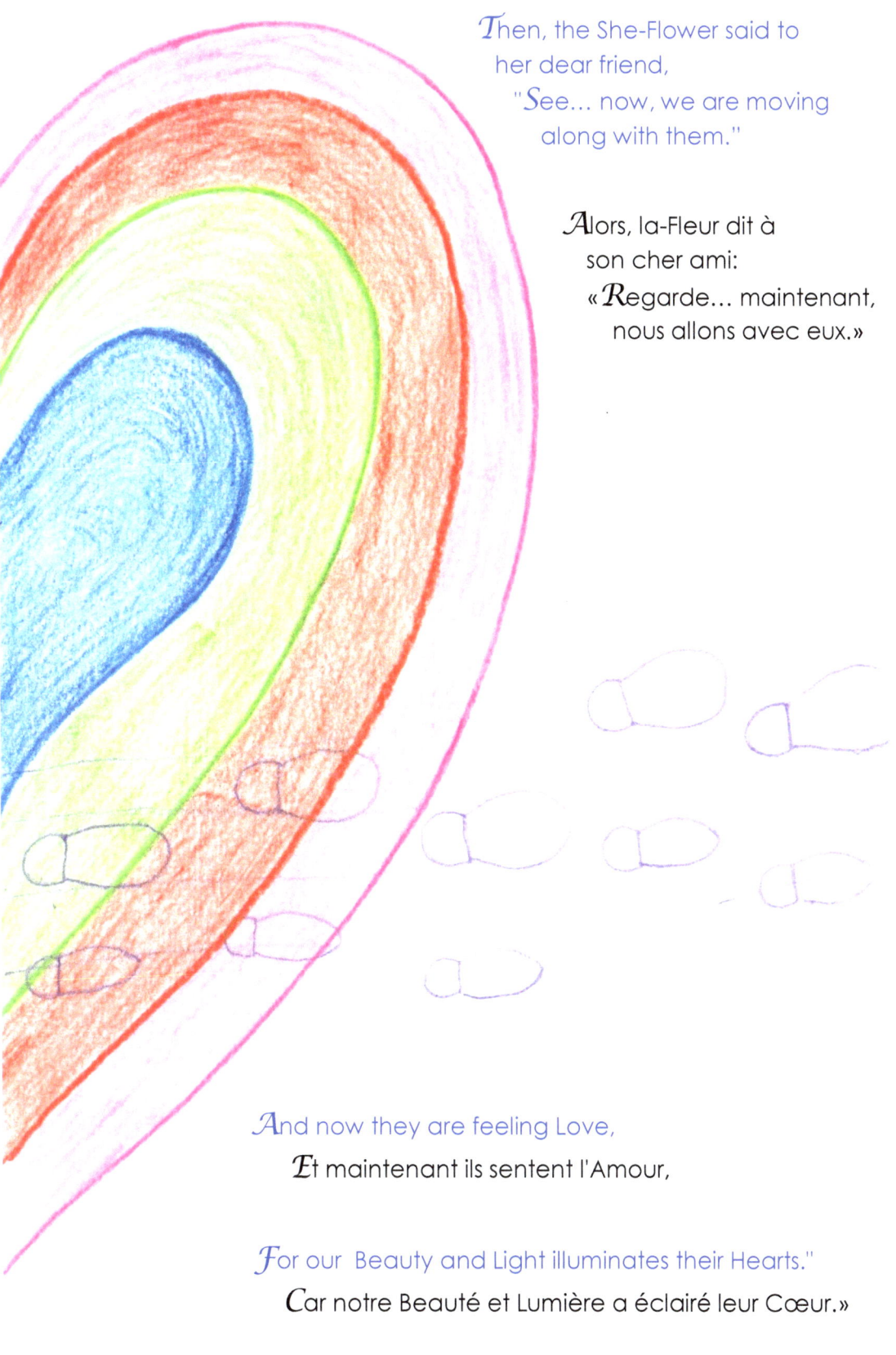

Then, the She-Flower said to
her dear friend,
     "See... now, we are moving
     along with them."

Alors, la-Fleur dit à
son cher ami:
     «Regarde... maintenant,
     nous allons avec eux.»

And now they are feeling Love,
     Et maintenant ils sentent l'Amour,

For our Beauty and Light illuminates their Hearts."
     Car notre Beauté et Lumière a éclairé leur Cœur.»

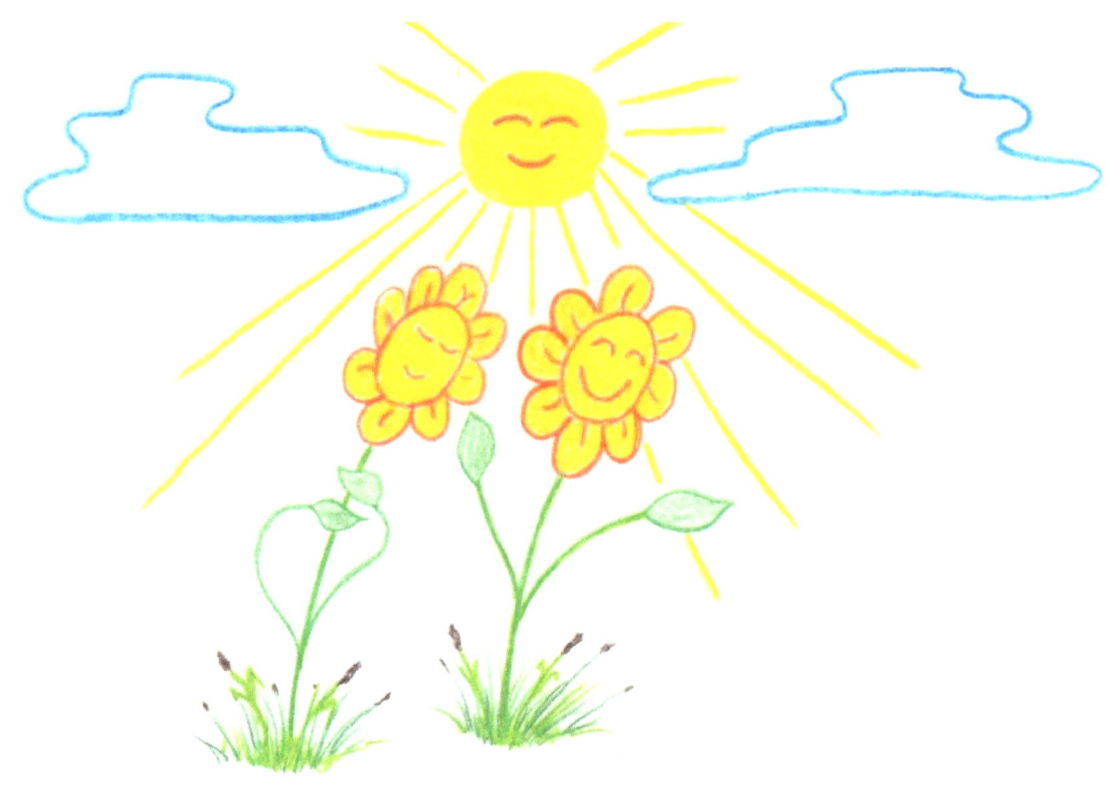

Each day
the two Flowers
continued to
bloom
side by side,

Chaque jour
les deux fleurs
continuaient à
s'épanouir
côte à côte,

And one day, he suddenly saw her... "wow!"
Et un jour, il réalisa soudain... «wow!»

"You are Love my dearest,
«Tu es l'Amour ma cher,

For I feel your warm Light within my Heart."
Car je sens ta Lumière chaleureuse dans mon Cœur.»

The He-Flower smiled and tickled her with his petals.
Le-Fleur sourit et l'a chatouiller avec ses pétales.

"*I* Love you," the He-Flower said.

    «*J*e t'aime,» dit Le-Fleur.


"*I* know," she replied with a glowing smile,

    «*J*e sais,» répond-elle avec un sourire lumineux.


   *W*ith joy, their petals opened wide.

    *A*vec joie, leurs pétales s'ouvrirent en grand.

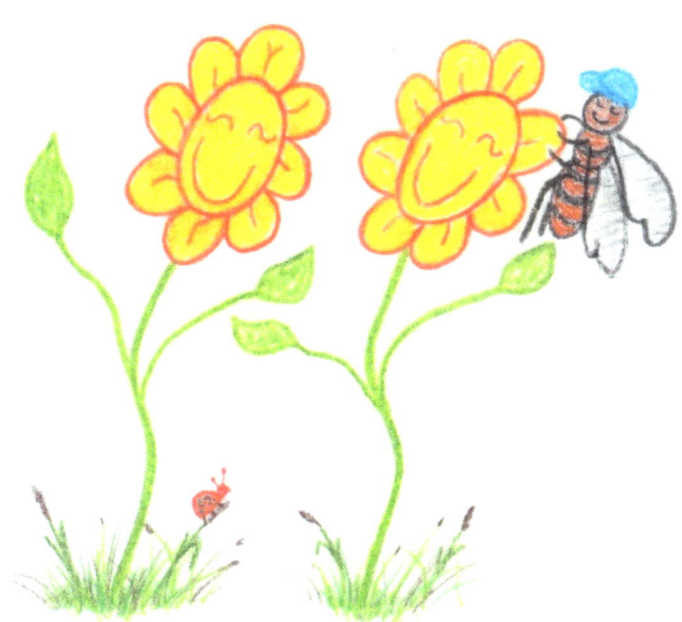

*E*very day, the kind, busy Bumble-Bee came by,

    *T*ous les jours, la gentille abeille butineuse passait,


   *T*o tickle them, until they laughed heartily.

    *P*our les chatouiller jusqu'à ce qu'ils éclatent de rire.

The two Flowers loved each other so much,

Les deux Fleurs s'aimaient l'une et l'autre,

That flowers began blooming everywhere.

Que des Fleurs se mirent à pousser partout.

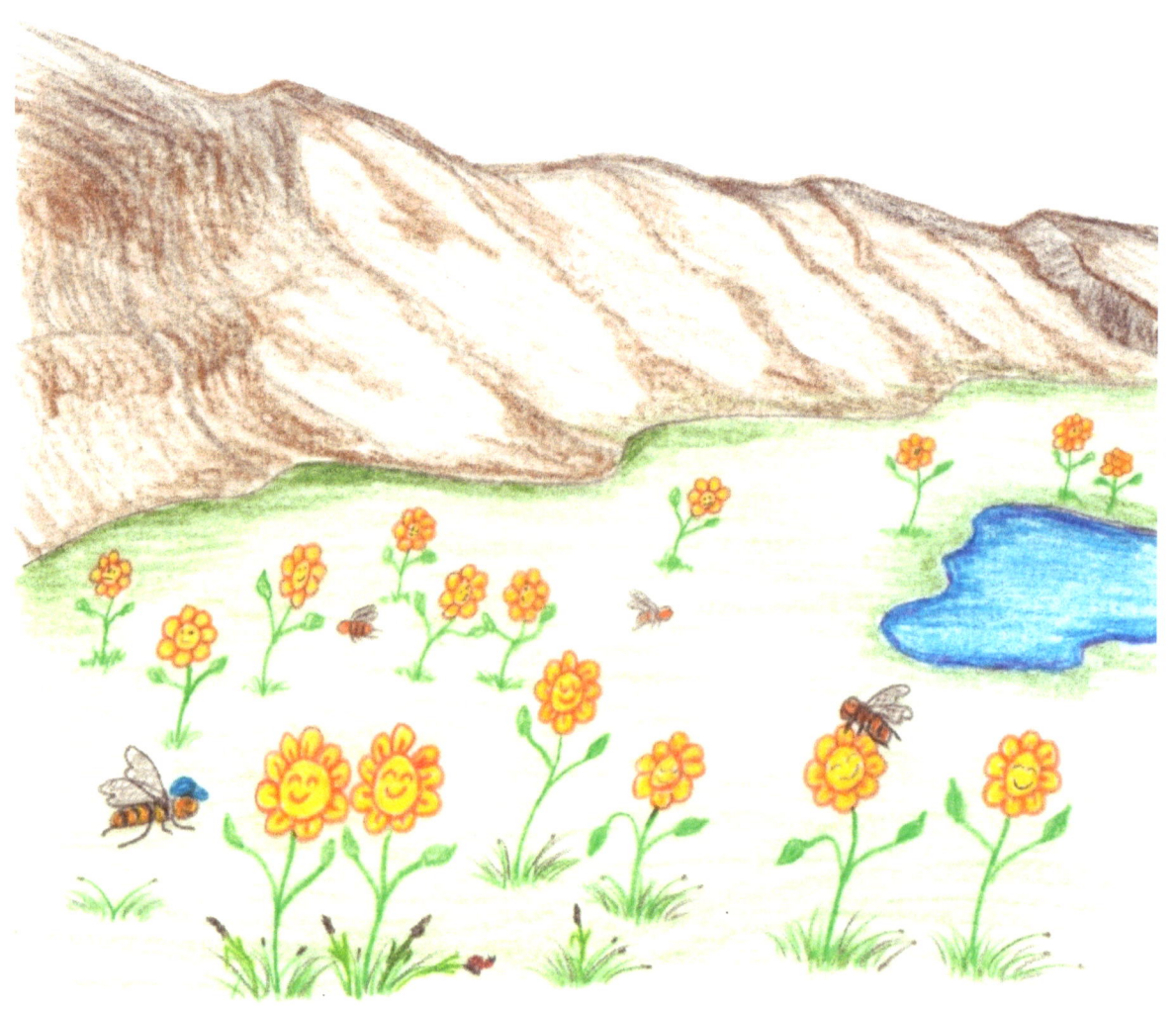

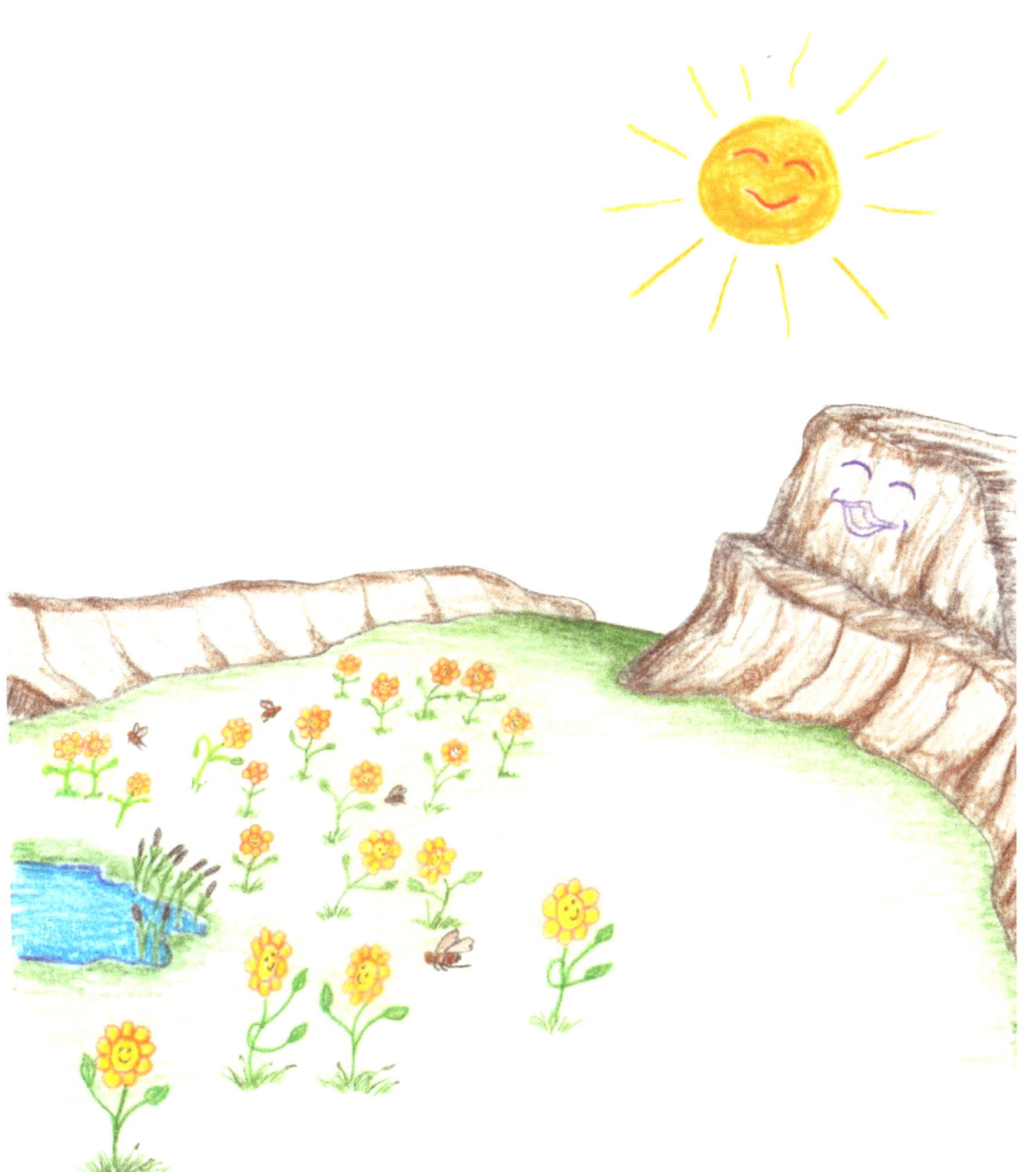

Attracted by the vibrant colors,
  more busy bees arrived.

Attirées par les couleurs vibrantes,
  d'autres abeilles butineuses arrivèrent.

Bright, yellow Flowers soon lit up the whole Valley.
  Bientôt de belles Fleurs jaunes enjolivèrent toute la Vallée.

One day the Mountain asked the Valley,

$\mathcal{U}$n jour, la Montagne demanda à la Vallée:

"Valley, where did all this Love come from ?"

« $\mathcal{V}$allée, sais-tu d'ou provient tout cet Amour ?»

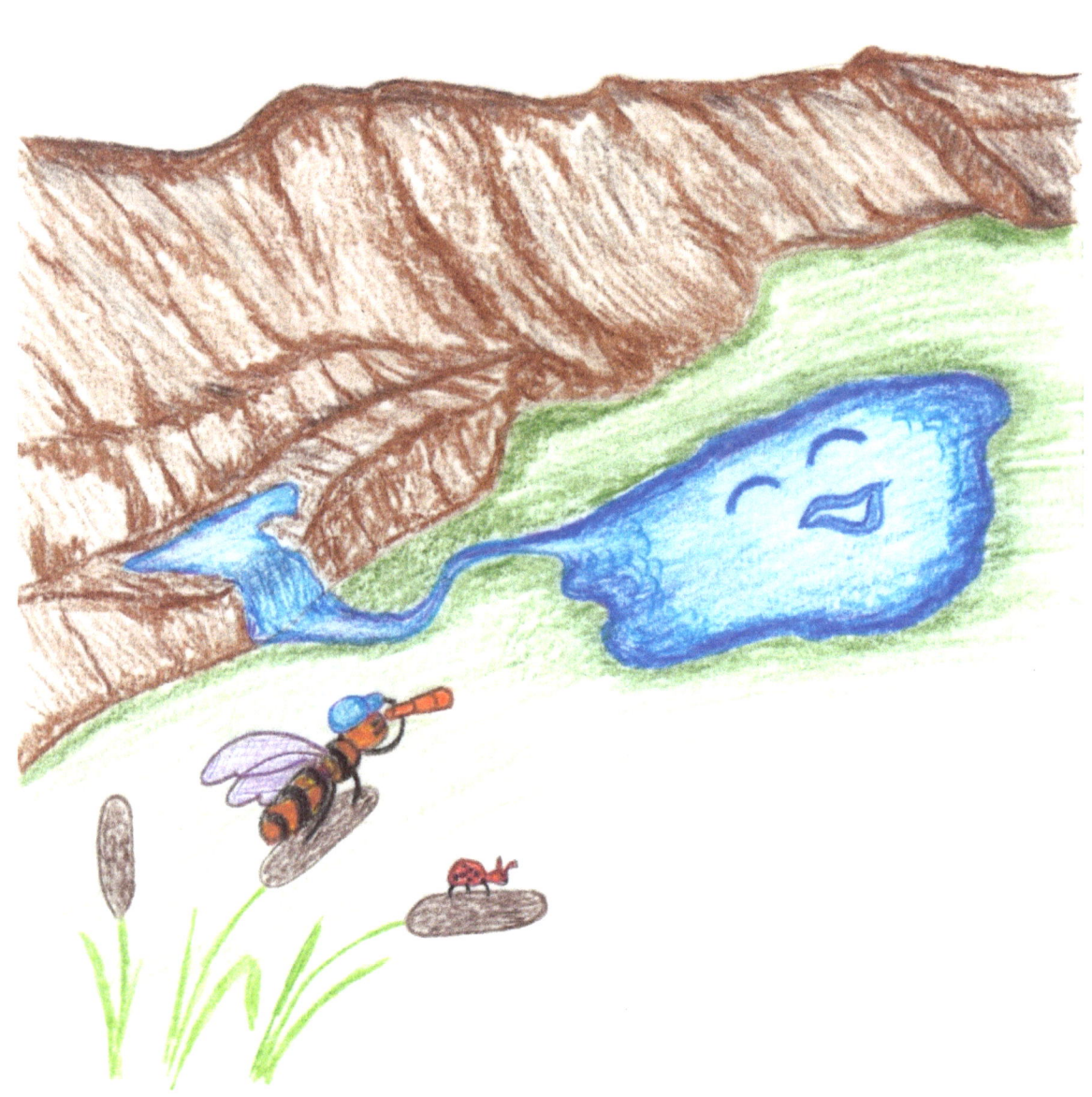

The Valley, filled with a sea of lovely flowers,
  Eagerly replied,

    "Not so long ago,
      A small, lone Flower
        Found the Light in her heart
          Was the joy she felt
            When she allowed the beauty of Love and Light
              To flow through her."

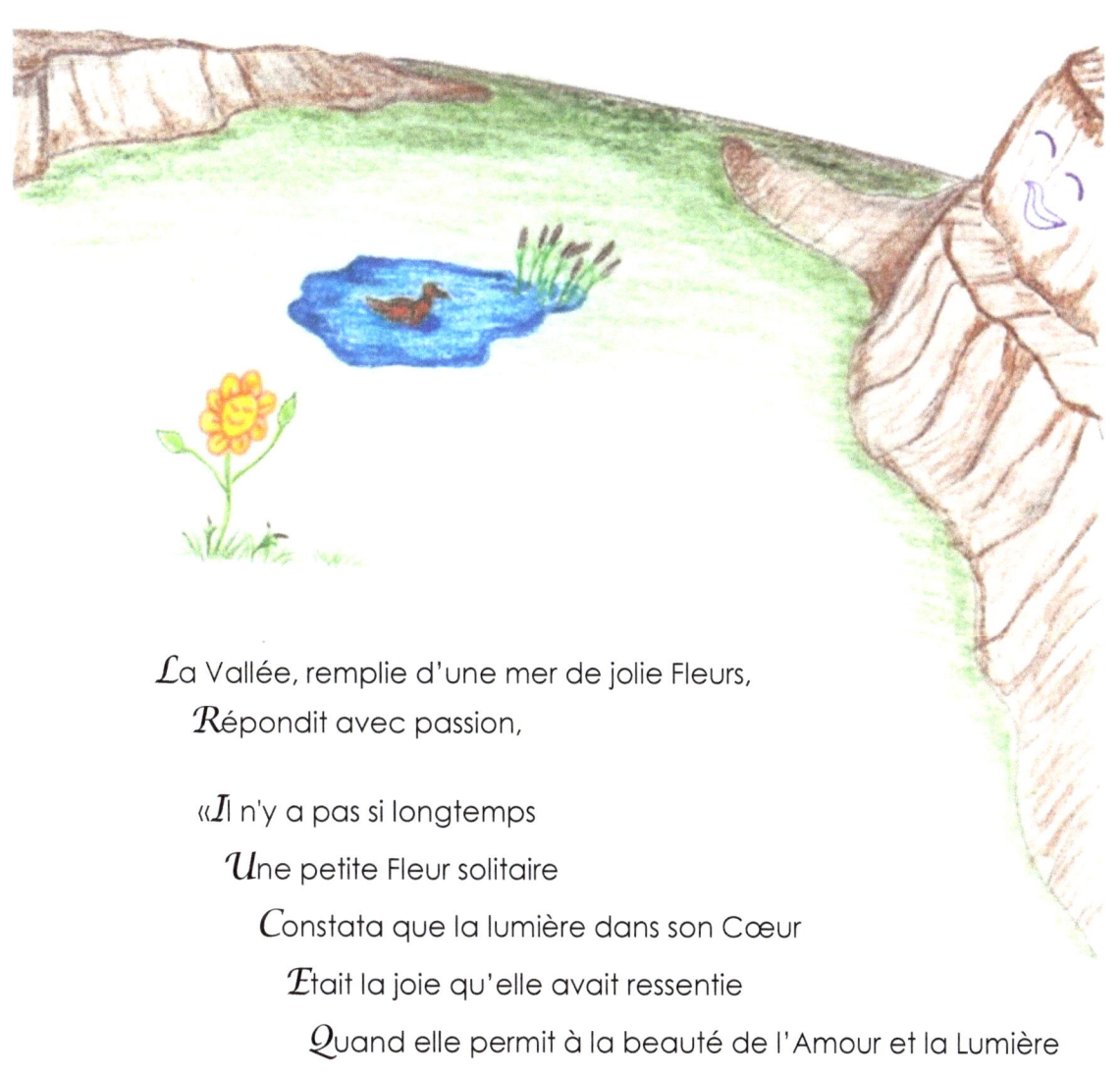

La Vallée, remplie d'une mer de jolie Fleurs,
  Répondit avec passion,

    «Il n'y a pas si longtemps
      Une petite Fleur solitaire
        Constata que la lumière dans son Cœur
          Etait la joie qu'elle avait ressentie
            Quand elle permit à la beauté de l'Amour et la Lumière
              De s'épandre à travers d'elle.»

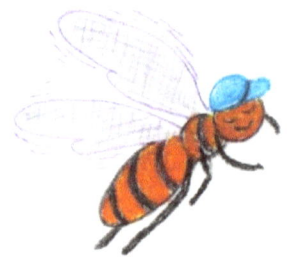

Discover and share your inner Light
with someone,
No matter how small you are.

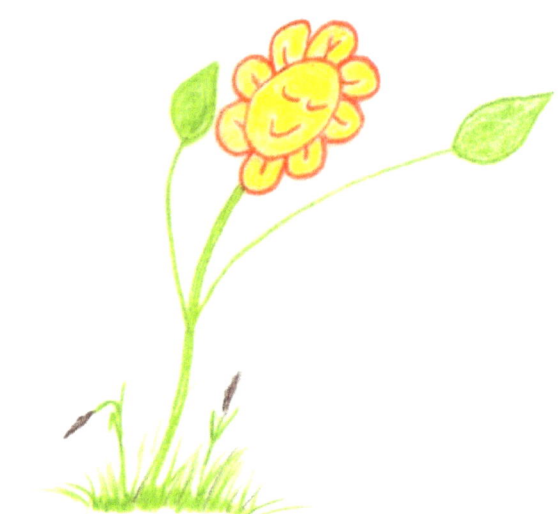

End

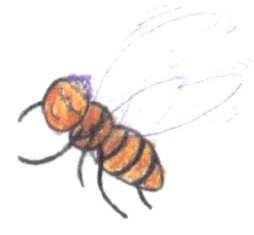

$\mathcal{D}$écouvre et partage ta Lumière intérieure
avec quelqu'un,
$\mathcal{A}$ussi petit que tu sois.

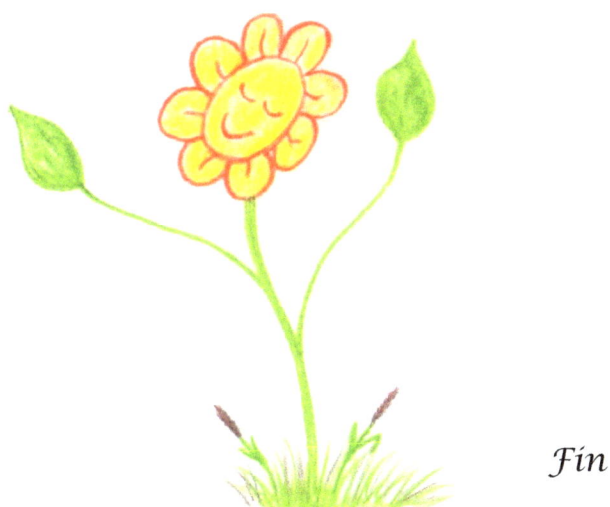

*Fin*

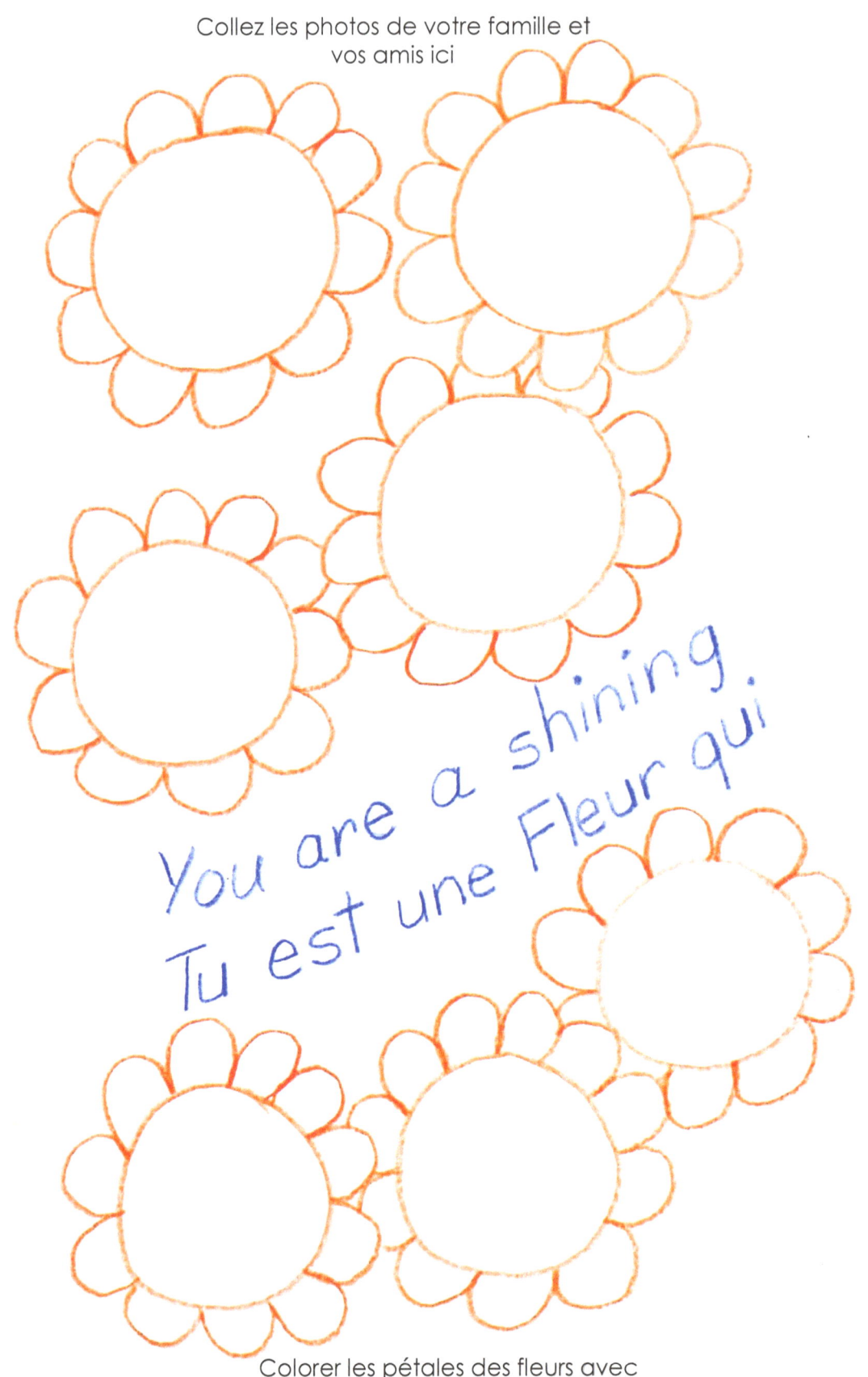

Collez les photos de votre famille et
vos amis ici

You are a shining
Tu est une Fleur qui

Colorer les pétales des fleurs avec
vos couleurs préférées.

Glue the photos of your family
And your friends here.

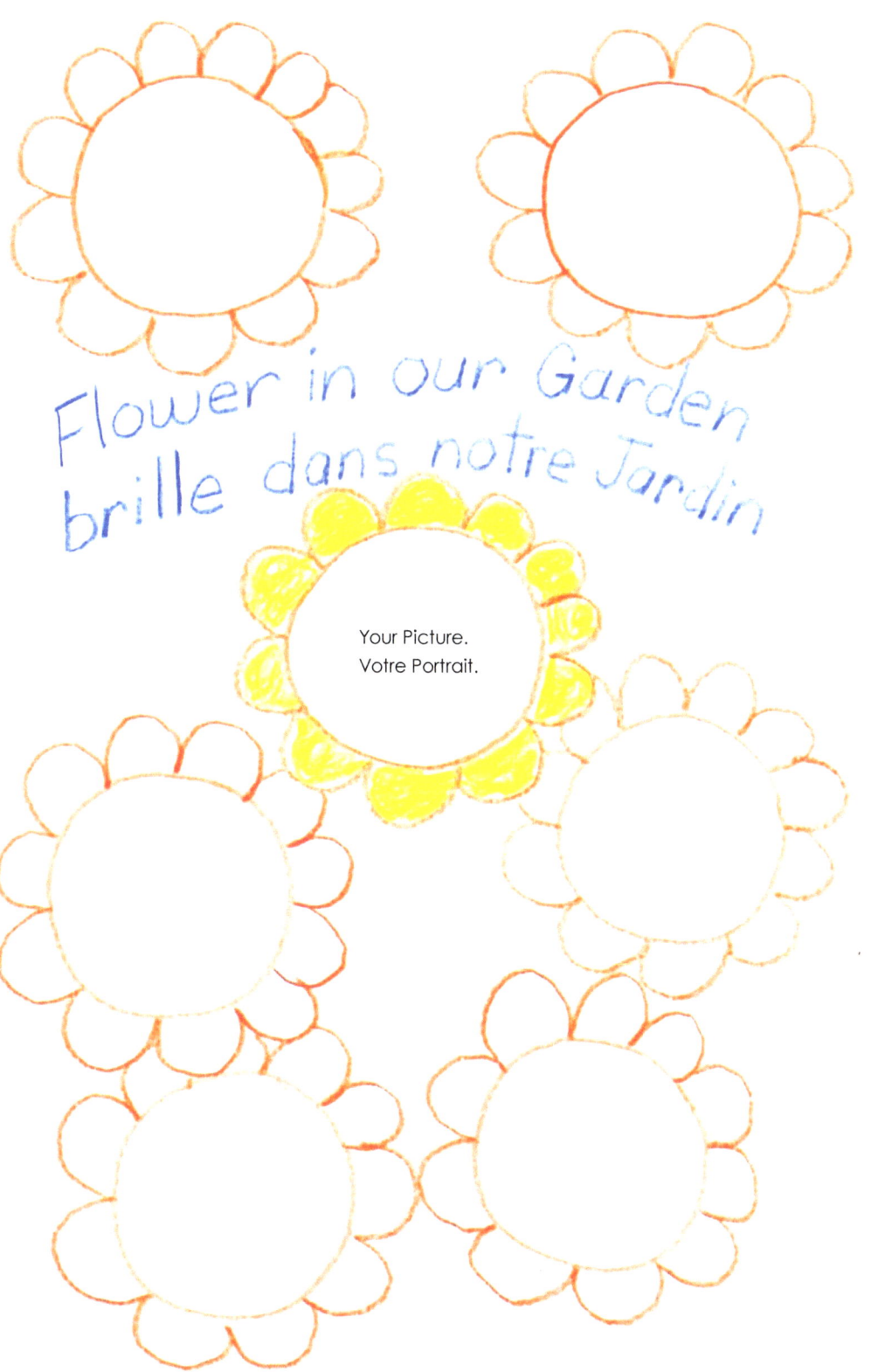

Flower in our Garden
brille dans notre Jardin

Your Picture.
Votre Portrait.

Color the flower petals  with your
favorite crayons colors.

# Dedication

To my darling wife, Patricia, whose depth of Love and
expanded mind, inspired the publishing of this story…
Thank you Patricia for all your support and ideas.
I Love you & us so very much.

To Teresa, who was there
when the first sketches appeared, thanks for motivating me
to create the colored drawings myself.

To Raymond, my good friend,
who helped with the first French translation,
and read it to his children when it was only words
and told me how much
they enjoyed the story. Thanks Raymond !

To all the people who helped
translate my feelings and thoughts correctly
into the French language,  I am grateful.
A special thank you to Bernise.

# Dévouement

À ma chère femme, Patricia, qui,
grâce à la profondeur de son amour et
à son esprit ouvert, m'a inspiré la publication de cette histoire...
Merci Patricia pour ton soutien et tes idées.
Je t'aime infiniment.

À Teresa, qui était présente
lorsque les premières esquisses sont apparues.
Merci pour la motivation que tu m'as apportée à créer
mes propres illustrations.

À Raymond, mon bon ami,
qui m'a aidé à la première traduction.
Il a lu l'histoire à ses enfants lorsqu'il y avait seulement le texte
et ils l'ont beaucoup aimée. Merci Raymond !

À toutes les personnes qui ont contribué à
traduire mes sentiments et mes pensées correctement
dans la langue Française,
je vous suis reconnaissant.
Un grand merci à Bernise.

*What is Love, a Flower asked.*
*C'est quoi L'Amour, demanda une Fleur.*

This is Bilingual Book #1
with the BLUE border on the book cover.
The English / French Version.

Ceci est le livre Bilingue #1
avec le contour BLEU sur la couverture du livre.
La Version Anglaise / Française.

<u>Also Look For Book #2</u>
<u>Regardez Aussi Pour Livre #2</u>

*What is Love, a Flower asked.*
*Qué es el Amor, preguntó la Flor.*

The Bilingual Book #2
with the GREEN border on the book cover.
The English / Spanish Version.

Le Livre Bilingue #2
avec le contour VERT sur la couverture du livre.
La Version Anglais / Espagnol.

# What is Love?
## A Flower asked

Dedicated to all the children
who live in our heart.

Written and illustrated by Terry Earl Durocher
Through the inspiration of Love.

Love can arrive
into your heart at any moment,
and when it does,
if you listen attentively
you will hear beautiful words and
wonderful thoughts inside yourself
that describe this incredible feeling.

This story is born from the beautiful words
I heard when I met a woman
who arrived into my life and into my heart…
In there…
I was inspired to write this heart-felt story.

It is exciting to sense all the wonderful feelings
that can flow through us,
once we open our hearts to others.

###

# C'est quoi l'Amour?
## Demanda une fleur

*Dédié à tous les enfants
qui vivent dans nos cœurs.*

Écrit et illustré par Terry Earl Durocher
Grâce à l'inspiration de l'amour.

L'Amour peut arriver
à tout moment dans votre cœur,
Et quand il est là,
Si vous écoutez attentivement
Vous entendrez de belles paroles
et merveilleuses pensées a l'intérieur de vous-mêmes
Qui décrivent cette incroyable sensation.

Cette histoire est née des paroles merveilleuses que
j'ai entendues après avoir rencontré une femme
qui est arrivée dans ma vie et dans mon cœur…
Là j'ai trouvé l'inspiration d'écrire cette chaleureuse histoire.

C'est passionnant de goûter toutes ces émotions merveilleuses
Qui peut couler à travers nous,
Une fois que nous avons ouvert notre cœur aux autres.

###

# Autobiography

I have a background in industrial design with CAD; it was like artistic drawing except drawing in 3D. This field is very technical and precise. Artistic drawing is free of restrictions and perfection, therefore it allows me to let go and simply draw that which flows thru me.

Unknown to myself, I have been an Artist most of my life, as I was always drawing, doodling, molding shapes with plasticine, and coloring. As a child, I liked to color with wax crayons; I remember getting colored pencils, wow that was a special medium for the more mature me. All these mediums gave me a way of expressing and sharing a part of myself... Art.

When I was young and away on vacation, I recall writing long letters, like eight pages, describing in detail my surroundings and experiences in a humoristic way to my family and friends. In primary school, I was asked to create large action drawings for the winter holidays, those were masterpieces to me; it was fun creating from my imagination.

Today I have decided to launch myself into the world of writing, illustrating and publishing. I must say, I am very excited and enthusiastic to be on this intimidating adventure; to write, draw and the challenge of publishing my own books. When I write the time seems to flow so smoothly and quietly, the world vanishes and most important, inside I am always smiling. Many times I will laugh heartily when the next line of thoughts appear on the page.

Thank you for looking at my words and pictures, for I wish they take you to the many places of fantasy and joy within your own inner self.

Love and success to everyone, Terry D.

# Autobiographie

J'ai un formation en dessin industriel avec Ordinateur; c'était comme le dessin, sauf dessin en 3D. Ce domaine était très technique et précis. Le dessin artistique est exempt de restrictions et de la perfection qui permet donc de me laisse aller et dessiner ce qui coule à travers moi.

j'étais un Artiste, sans le savoir, la plupart de ma vie, parce que j'étais toujours en train de créer le dessin, l'écriture, ou la sculpture chaque fois que j'avais un moment de libre. J'ai aimé les crayons de couleur en cire, et c'étais un autre étape avec les crayons de bois. Ce sont les médiums dans lesquels j'exprime mes sentiment intérieur de moi-même... Art.

Lorsque j'étais enfant en vacances, je me souviens d'écrire de longues lettres, a huit pages, décrivant en détail mon entourage et mes expériences d'une manière humoristique à ma famille et à mes amis. À l'école primaire j'ai crée de grands dessins pour les vacances d'hiver. Pour moi ils étaient des chefs-d'œuvre ; c'était amusant de créer a partir de mon imagination.

Aujourd'hui, j'ai décidé de me lancer dans le monde d'écrire, illustrer et publier. Je dois dire, je suis très excité et enthousiaste au sujet de cette aventure intimidant. Quand j'écris, j'aime le façon dont mon esprit me présente les mots.  Plusieurs fois, je vais rire de bon cœur quand la prochaine ligne de pensées apparaissent sur la page. Quand j'écris le temps semble s'écouler de manière souple et silencieuse et la plus importante, à l'intérieur de moi, je suis toujours souriant.

Merci de regarder mes mots et photos, car je veux qu'ils vous apportent à de nombreux endroits dans le fantasme et la joie à l'intérieur de vous-même.

L'amour et la Réussite à tous, Terry

(Cette page est traduit par moi-même, pas parfait, mais c'est moi.)

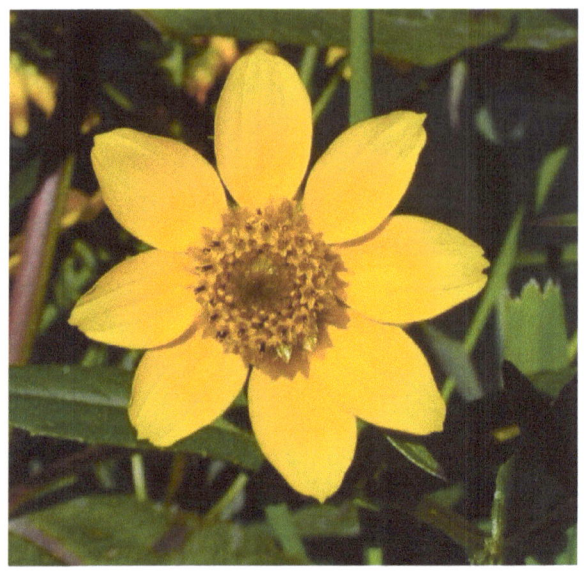

Nodding-Bur-Marigold

This is a flower of the fall season,
called Nodding-Bur-Marigold, (Bidens Cernua).
It has a bright golden color like a sunflower.
It is a wetland plant, growing around the ponds
and near boardwalk areas.
This is an herbaceous plant native to North America.

## Souci

Ceci est une fleur de la saison d'automne.
Il est appelé ( Bidens Cernua ).
Il a une belle couleur dorée comme un tournesol fleur.
Il est une plante des zones humides de plus en plus
autour des étangs et
à proximité des zones de promenade.
Ceci est une plante herbacée originaire d'Amérique du Nord.

Thank you for reading and experiencing
my thoughts and feelings through my words.

Look for my upcoming Web Site
In 2016
SkateboardPublishing.com

www.ingramcontent.com/pod-product-compliance
Lightning Source LLC
Chambersburg PA
CBHW050909180526
45159CB00007B/2842